오늘의문학시인선 400

아날로그적 감성이 필요할 때

배서현 시집

오늘의문학사

아날로그적 감성이 필요할 때

시인으로 살아보기…

겁이 납니다.
시를 쓴다는 것.
시인으로 산다는 것.

마흔 쯤 뭔가를 결정하여 다른 삶을 살아본다는 것 자체가 쉬운 일이 아니었습니다.

10여 년간 하던 일을 접고 시를 써 시인으로 등단하면서 많이 기쁘고 행복했지만, 또 많이 불안하기도 했습니다. 불안을 떨치기 위해 먼저 SNS에 매일 시를 써서 사람들과의 소통을 시도했습니다. 저의 졸작을 읽고 적지 않은 사람들이 격려와 지지를 보내주었습니다. 저는 그들의 격려와 지지에 용기를 얻어 열심히 시를 써서 올렸고, 따라서 자신감과 실력도 향상됨을 느꼈습니다. 먼저 지면을 통하여 감사드립니다.

등단 4년째, 이제야 첫 시집을 낸다는 것이 시인으로 좀 게으른 게 아닌가 싶기도 합니다. 그러나 시는 그 동안 많이도 썼죠. 다만 시를 쓰고 퇴고를 거쳐 출판을 하기까지 얼마만큼의 용기가 있어야 하는지를 이번 기회에 깨달았습니다. 쓰고 또 쓰고 고르고 또 고르고 이제까지 디지털 속에만 갇혀 있던 언어가 아날로그의 감성으로 종이 향을 품고 세상의 빛을 보게 되었습니다.

우리의 인생은 어떤 짜여진 틀 안에서 살아가는 듯합니다.
누군가와 만나 이야기를 하고 그러다 사랑에 빠져 정이 들고,

그러다 갈등으로 미워하게 되고, 관계가 단절되면 한 동안 힘들어 하다가, 마음을 추슬러 온기가 들면 다시 누군가를 만날 수밖에 없는 삶이 되겠죠. 그래서 우리의 삶을 인연이라고 말하는 것 같습니다. 제 시는 이러한 삶 속 궤적의 범주 안에서 만들어지지 않았나 생각해 보았습니다.

요즘 가장 관심 갖는 이슈가 4차 산업이라고 합니다. 우리는 디지털 홍수 속에 휘둘려 살아갑니다. 어떻게 살아야 할까 많은 고민과 두려움이 앞섭니다. 광속으로 진화해가는 속도 속에 우리는 그저 어지럼에 허덕이고, 우리의 행복은 황폐한 광야에 내던져진 두려움과 고독에 갇혀버리고 맙니다. 이럴 때 우리는 과거의 어느 행복했던 시점으로 돌아가 아날로그적 감성을 그리워하게 됩니다.

제 시가 그랬으면 좋겠습니다. 어느 날 혼자라고 느끼며 비 내리는 골목길을 걸어가다 문득 생각나는 시, 무작정 차 시동을 켰는데 아무 생각도 나지 않고 머릿속이 하얘질 때 떠오르는 시, 홀로 마시는 소주 한 잔에 안주 대신 읊조리는 시….

아날로그적 감성이 필요할 때 펼칠 수 있는 시집이라면 좋겠다는 희망을 품고 출판합니다. 여러분 행복하세요.

2017년 10월 깊어가는 가을 한가운데 홀로 서서

배 서 현 드림

1부 愛애

2부 情정

3부 憎증

4부 訣결

5부 末말

6부 溫온

7부 連연

하나

愛애

터키 보스포러스해협

동행

난 너의 옆에서 나무로 있었으면 해
화려한 조명과 갈채 속에서
너의 텅 빈 맘 더 슬퍼질 때
언제든지 생각 없이 걸어 나와
문득 멈춰 서면 그곳이
내가 서 있는 나무였으면 해

이유 없는 슬픔 짙게 배어 나오는
그믐날 밤이면 그날처럼
네가 들었던 그 노래의 첫 소절은
내가 불러줬으면 해
네 마음의 울림은 내 귓가에 맴돌고
너의 기타 선율이 녹아드는 밤

내 마음도 너처럼 빈집이라는 걸

그렇게 그냥 너의 나무로 있었으면 해

桥饭店

당신을 사랑할 수밖에 없는 이유

당신이 밤하늘 별보다 더 빛나는 이유는
별이 뜨지 않는 흐린 날 밤에도
별을 기다릴 수 있는 인내심이 있기 때문입니다

당신이 예쁜 화병의 꽃보다 더 아름다운 이유는
누군가를 위해
과감히 당신의 빛을 포기할 수 있기 때문입니다

당신이 6월의 나무보다 더 푸르른 이유는
봄내 싹을 틔우기 위해 버텨낸 시간의 고마움을
누구보다도 더 잘 알기 때문입니다

내가 당신을 사랑할 수밖에 없는 이유이기도 합니다

사랑만 하기

가을이 되었다

예쁘지 않은 것들이 있을까
하늘 닮아 파랗고
노란 단풍
붉은 낙엽
모두 예쁘기만 한 것들인데

상처내지 말자
아침저녁으로 바람만 불어도
아플 수 있는데

눈시울 붉히며
함께 바라보았던
유등천*변의 노란 잎 코스모스를
잊을 수 있을까

가을이라 고독하다
사랑만 하자

* 유등천 : 가을이면 만발하는 노란 잎 코스모스가 유명한 유등천은 대전천, 갑천과 함께 대전광역시의 3대 하천이다.

월척

허공 향해 공허한 눈빛으로
날려버린 낚싯대
난 그대에게
그 끝에 매달린 희망이고 싶다

기다림에 지쳐
생의 끝 나락에 서서
그대가 날 떠올릴 수 있는
나는 그런 그대의 위안이고 싶다

그대가 마음 열어 세상 속으로
한 발짝 다가설 때
난 그대에게
그대 발밑의 신발이고 싶다

기다림

이 가을이 지나가도 그대 오지 않으면
어디서 기다려야할까요
한 여름 달의 발자국을 찍던 날
우리 옷을 풀어 실 올마다
붉은 물 들이던 긴 얘기
우리 함께 했던 달 한가운데
난 아직 거기에 서있는데
그대 모습 여름의 추억과 함께
기다려도 되나요

이 가을이 지나가도 그대 보이지 않는다면
그대 어디 계신건가요
첫눈 하얗게 함박눈 내리는
우리 둘만 상상하며
그대 한겨울 함께 할
기억 속 상자 하나 둘씩 채우며
나 먼저 가서
유물이 되어 기다릴께요

얼음꽃*

누군가의 단단함 옆에 살짝 비켜섰다
화려함이 전부가 아니라는 듯
낮은 데 머리를 두는
물의 가슴이 더 맑다는 듯
담방지게* 서 있는 너
피워야 꽃이라고
꼭 그만큼의 거리에 피어있는 너

사람들과 헤어져
외로운 길을 돌아오는
내 눈길을
홀연 잡아끄는 것 역시
너의 선물이 아닐까

* 얼음꽃 : 새해를 알리는 얼음 속에서 제일 먼저 피어나는 꽃
* 담방 우지다 : 키가 알맞고 다부지다

CLOSED
Coca-Cola

바닷물이 바뀌는 사이

그가 내 사람이었다고 깨닫는데 20년이 걸렸다
그 사이 다른 사람을 만나고 그 사람과 사랑에 빠지고
평생 함께 할 사랑이라고 믿고 다시 이별을 하고
다시는 누군가를 사랑하지 않겠다고 다짐을 하고
또 혼자가 되어 외로워하고
얼마간의 시간이 지나면 누군가가 눈앞에 서 있고
또 사랑을 하고 헤어지고, 사랑하고 이별하고
그럼에도 불구하고 그는 지금 여기에 없다

눈 깜짝할 사이에 늙은 여자가 된 듯하다

지구 밖에서 나를 끌어당기는 그는
오늘 하루도 두 번
밀물과 썰물을 보내어 나를 오라 한다

지구만 바라보던 달의 마음을 바다가 알고
그 슬픔으로 지구가 당기면 밀물이 되고
슬픔이 나락으로 떨어져 달의 마음이
수심으로 가득하면 결국 썰물이 되고 만다

손 뻗으면 닿을 수 있을 만한 거리에서
어서 오라며 손사래 치는 그대

만날 수 없는 거리에서
딱 그만큼의 슬픔을 하냥 안고 산다

겨울을 기다리는 해운대

별들이 숨죽이고 고요히 잠들어 있는
조용한 수면
잠든 별 깨울까 날갯짓마저
조심스러운 걸음걸음

하나 둘
약속하고 헤어지고
그렇게 길들여져
뜨거우면 물렁해지는 약속

저 끝 수평선 너머로 날려 보내고
가슴 속 설렘도 이제 그만

싸락눈이
바다로 내려앉는
바람 부는 저녁

희뿌연 베일에 가려진 추억들 사이로
나 여기 아직 서있다며
허공을 울리는 그대의 목소리

설움을 토해내듯
내 몸에 새기듯

수평선에 닿은
긴 백사장 위 발자국들이
바다를 향해 걸어간다
그 사이 별을 담은
물안개가 피어오른다

Abu Dhabi

나에게 넌 그냥 거기 있는 편이 나았어
그래야 그나마 내 것인 것을
가까이 와도 가질 수 없다면
그냥 거기 있는 게 나한테는 더 좋았어
그래도 거기에선 널 온전히 내 것으로 느끼는데
한 치의 의심도 안 했거든 완벽한 시간이었거든

지금의 넌 내 것일 때가 있었나 기억마저 희미해져
널 내 것이라고 착각하며 달뜬 생각에
지금 여기가 어디인지 희뿌연 안개만 자욱하고
태곳적 그때는 너 내 것이었나
오래전부터 내 것이었다 잠시
세상에 내어주고 쉬고 있을 뿐

벚꽃 그늘 아래

퍼렇게 날선 하늘 귀 밑까지 올라서
콧노래 흩날리는 꽃 무덤을 쌓아올리고
그녀의 옛 노래 판을
달무리로 돌린다

이 봄엔 오는 걸까 향기로운 기다림
벚꽃 길 바라보면 부산한 밤의 유희
핑크빛 라이트 앞에
마음 들킨 청춘예찬

추억도 그리움도 비어가는 잔(盞)속에
꽃눈 가득 내려와 출렁이는 환영(幻影)들
영원히 머물고 싶은
사랑의 계절이다.

두울

情정

터키 카파도키아

아날로그적 감성이 필요할 때

가족들의 추억이 스미는 곳
그 곳을 지키는 생명체들
들꽃 피어 향기는 바람에 흩날리고
대문을 열고 들어서면
마당 한가운데 쏟아지는 별빛
집 안에 있는 모든 살아 있는 것들에게
예의를 표한다

흐르지 않는 시간은
내 기억을 일곱 살로 잡아둔다
아빠와 함께 만든 마당의 작은 연못
물고기 이젠 없지만
주먹보다 더 큰 돌을
찾아 나서던 조그만 손이
기억대로 남아있나
살펴보고 다시 보고

수십 년 흘렀지만
희망이라는 시선이 머물며
기억 이쪽에서 저쪽으로
더 황홀하게 건널 수 있을 것 같다

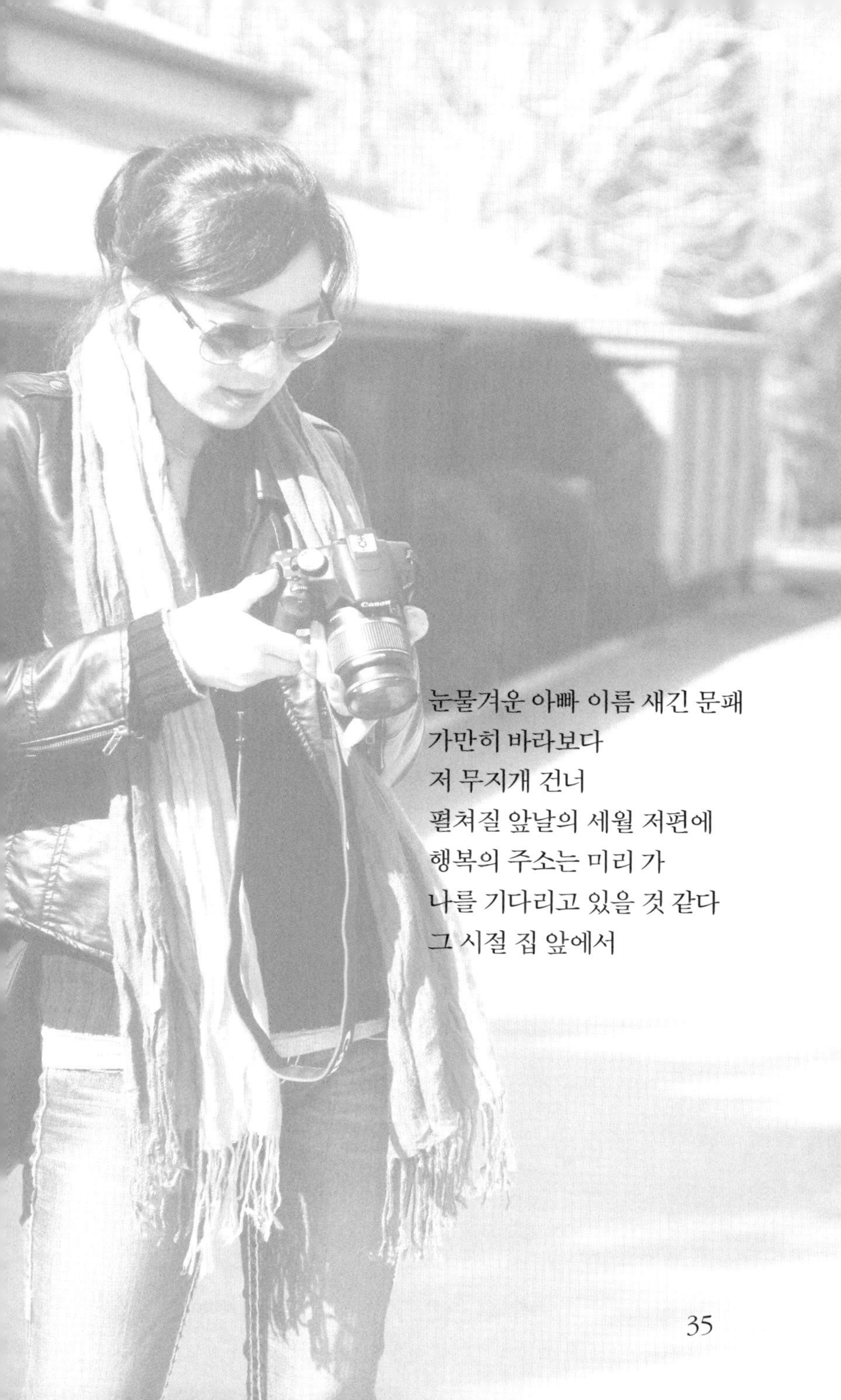

눈물겨운 아빠 이름 새긴 문패
가만히 바라보다
저 무지개 건너
펼쳐질 앞날의 세월 저편에
행복의 주소는 미리 가
나를 기다리고 있을 것 같다
그 시절 집 앞에서

하나로 사는 것

그녀가 육십 평생 지켜온 정절을 온몸으로 표현하듯
마지막 가는 그 자태 또한 고운 모습이었다
그녀 떠나는 길 늦여름의 태양은 다비식을 치뤘다
삶 하나하나 고된 일상 하나하나 모여 사리가 되었다

사리 하나에 먼저 보낸 남편 향한 그리움 하나
사리 하나에 홀시어머니 매운 시집살이의 눈물 하나
사리 하나에 젊은 두 아들 가슴에 묻은 한(恨) 하나
사리 하나에 세상 모두에게 강직해야 한다는 곧은 믿음 하나
사리 하나에 남은 자식 먹이고 입히느라 굽은 허리 통증 하나

할머니가 남긴 마지막 사리 하나는
후손들 건강하고 행복하게 잘 지내라는
유언 같은 소망 담은 염려 하나

2017년 정월 초하루 할머니의 산소 앞에서
모두 모여 할머니의 소원처럼 사진 찍어
하늘 위로 날려 보내 드렸다

우리는 할머니가 지상에 남긴 사랑의 공동체

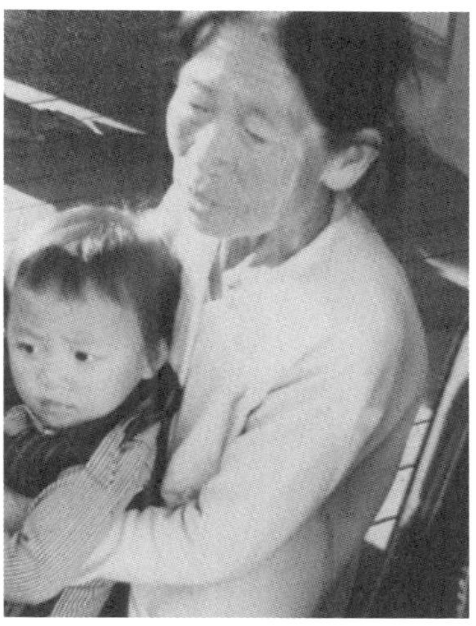
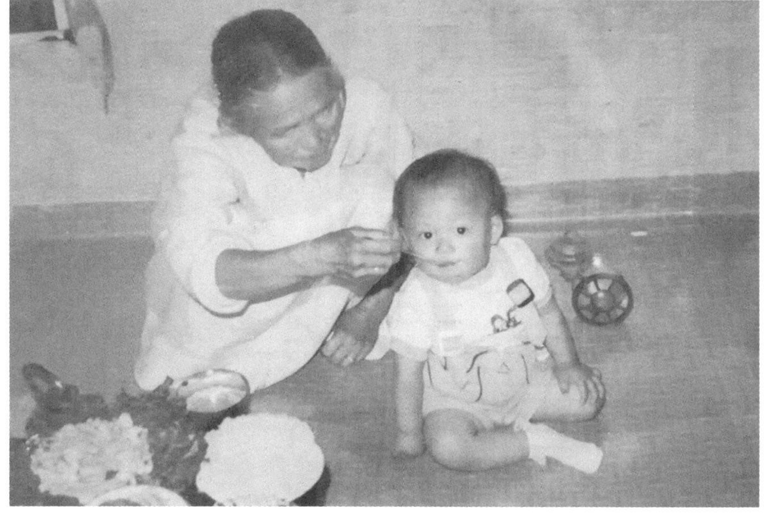

아빠와 나의 보리밥

작고 동글동글한데
가운뎃줄까지 그어 있어서
이빨로 반절을 깨어먹는 재미가 쏠쏠하다
반절로 나뉘면 입안에서는 두 개로 쪼개져
큰 부자가 된 거 같아 기분도 좋았다
몽글몽글한 것이 혀 위아래로 돌아다니는
간질간질 재미있는 느낌이 났다

나에게 보리밥은 그랬다

여름이 막 시작될 때
매운맛 나는 열무를 듬성듬성 썰어
갓 지은 보리밥에 넣고 슥슥 비벼 주셨다
소담스럽게 끓여진 강된장찌개에
잘 담아진 빛깔 좋은 고추장까지
합세하여
엄마의 주걱에 달라붙어
엄마 표 열무비빔밥이 완성된다
우리 남매들은 정말 맛나게 먹는데 비해

몇 수저 뜨시고는 아빠는
곧 엄마에게 쌀밥을 달라고 하셨다

아빠에게 보리밥은 삼키기 힘든 유년이었다

아빠가 쓰러져 누워 계신 모습을 보며 알아 버렸다

모정

선잠 자다
티브이 소리에 깨고
차 시동 꺼지는 소리에 깨고
휴대폰 알림 소리에 깨고

하이힐 뒤꿈치 들고
야근 후 늦은 퇴근하는
딸은
부모님 깨실라
조심스레 번호 키를 누른다

띠리릭 하는 잠금장치 풀리는 소리

이제야 큰 숨 쉬며 돌아 잠드는 엄마

부녀

간신히 걸음마 하나 싶었더니
세발자전거를 곧잘 탄다
보조 바퀴 없는 두발자전거는 사주되
아무래도 나 없을 땐
혼자 못 타게 지하 창고에 숨겨 놓을 작정이다
그 어린 것이 세상의 중심을 어찌 잡으라고

눈 감았다 떴는데
어린 공주님이 대형 승용차를 능숙하게 운전하고 있다
후진 때는 아직 봐 준다
아무래도
아무리 컸어도 쉽지 않을 테니
불안한 두발자전거를 타던 꼬마 공주님이 소리친다
-아빠, 그냥 타요! 나 혼자 잘해!

꼬마 공주님에게 아직은 아니다
앞으로 가려고 해도 바로 가기 힘든 세상
후진 땐 아빠가 봐줄게

아버지의 밤나무

우리 앞마당에 밤나무가 있다 나 태어나던 해 아빠가 기념으로 심었다던 나무는 어렸을 적 내가 손끝에 닿을 듯한 높이로 나와 함께 봄 여름 가을 겨울을 보내고 함께 살았다. 철들며 사는 것이 아프던 긴 강물 같은 시간을 따라 가시가 돋고 그 가시 속에 알밤이 가시를 가르고 땅위에 이를 때도 내가 바쁘다는 핑계로 바라봐주지 않았다. 그 어느 시간들 속에서 몇 년 동안 몇 번을 계속

엄마가 삶아 주시던 주전부리 바구니 속에 슬며시 늘 한 자리를 차지하고 있었다. 이제 올려다보니 나 몰래 새로운 친구를 찾아 그 지겨운 시간들을 함께 보내고 있다 언젠가 다시 친구가 필요해 나를 찾는다면 비릿한 꽃이 필 때부터 올려다보고 가을이면 알밤을 주워야겠다. 그리고 윤기 나는 것을 골라 아버지께 드려야겠다 아버지와 밤나무가 더 이상 외롭거나 쓸쓸하지 않도록 말이다.

독립적인 삼식이가 되기까지

7년 전 정년을 다 채우고 퇴직한 아빠는
비슷한 계열의 중소기업에 2년을 더 일하시고
작년부터는 완전히 삼식이가 되셨다

처음에는 일식이로 시작하셨다
출근 할 때처럼 아침 드시고
그 동안 하고 싶은 걸 다 해 보고 싶다며
하루 24시간을 치열하게 쪼개 쓰고 계셨다
전무이사로 퇴직하신 아빠 직함은 40년이었지만
그 뒤로 단 3년 동안에 받은 직함은
족히 열 개는 되어 보였다
점심과 저녁까지 밖에서 다 드시는 아빠는
그냥 보통 가장들처럼 일식이셨다
바뀐 건 돈을 버는 일보다는
쓰는 일이 많아진 것 빼고는
늘 바쁘셨다
즐겁고 행복해 하셨고
건강하게 살아계심을 몸소 보여 주셨다

한해 두해 지나 이식이가 되어 가셨고
서너 해쯤 지나니
스스로 삼식이를 자처하셨다
운동 삼아 시장을 가신다더니

슬슬 물가를 알아 시장을 봐오시고
한 가지씩 당신이 만들어 보기를 시작
태초에 주부였던 것처럼
완벽한 스스로의 삼식이로 다시 태어나셨다

어느 날
삼식이 아빠의 밥상엔
노릇하게 구워진 갈치 한 토막
구수한 배추된장국
밴댕이 젓갈과 멸치볶음
잘 무쳐진 겉절이에 알맞게 익은 배추김치

정오 주방 창에 내리쬐는 햇살까지 식탁으로 내려
데코레이션까지 하실 수 있는 고수가 되셨다

금산 장에 가는 길

35년 전 그땐 그랬다
한 시간 혹은 두 시간 만에 한 대 겨우 오는 시골버스를
전쟁 나간 남편 기다리듯
사골 아낙들은 장날 오는 버스를 그렇게 기다렸다

도시물 조금 먹은 어린 조카딸들이
시골 내려와 젖먹이 달고 있는 지엄마를
어찌나 귀찮게 하는지
친정 막내 동생보다 더 어린 막내동서가 전화를 했다
젖먹이 달고 두 딸들과 지난달에 낳은 백구의 새끼까지
시골 생활에 서툰 동서 일상이 눈에 선했다

윗동네에 사는 나는 둥구나무 지나
자그마한 동네 뒷산 넘어 먹골*로 향했다

또랑또랑한 조카딸들이 강아지 한 마리씩 안고
언덕 쯤 내려오는 나를 보고 뛰어 나왔다
유아원* 다니다 온 큰 조카딸은 이 외딴 시골에서
얼마나 심심했을까 빨간 리본으로 머리 올려 묶고
장에 갈 채비를 마쳤다
어린 동서가 고맙다고 집안 일 좀 할 수 있겠다며
간만에 여유 있는 웃음을 지어 보였다

빨간 고무 통에 백구 새끼 8마리 담아 머리에 이고
후딱 팔아 짜장면 한 그릇씩 먹고
장 구경하고 오자고 데리고 나서는데
신이 난 조카딸들이 노래를 부르며
한 발씩 한 발씩 춤을 추듯 내 앞을 앞질러간다

장에 가는 길
조카딸들 데리고 걸어가는 신작로가 반짝 거린다

* 먹골 : 충남 금산군 복수면 다복2리 의 안쪽 마을을 부르던 옛 지명
* 유아원 : 어린이집 옛 이름

아들의 자존심

텃밭에 심으신 무가 잘 익어 아주 맛나게
깍두기를 담그셨다며
어머니는 그 무거운 통을 들고 오셨다
이름도 길고 유별난 나이스 리버뷰 제2차 월드메르디앙
이 아파트를 혼자 얼마나 힘들게 찾으셨을까
이마에 맺힌 땀이
허연 눈썹까지 타고 흐르는 걸 보는 순간
마음은 철렁 내려앉으며 순간 화가 치밀러 올랐다

왜 여기까지 가져 오셨나
사 먹어도 얼마 안 되는 건데
죄스럽고 속상한 마음에
어머니한테 잔뜩 화만 내고 돌아서는데
땀에 전 보자기에 싸인 김치 통 사이로
깍두기 국물이 초라해진 내 자존심과 섞여 흐르고 있다

KAPALIÇARŞI

젊은 내 아버지와 조우하고 돌아오는 길

길을 잃고 헤매다 생각나
문득 뒤를 돌아본다
앙상한 나무 한 그루가 보여
보고 또 본다
몇 개 남지 않은 나뭇가지에
하얀 서리가 내려앉았다

얼마만큼 왔을까
얼마만큼 지났을까
눈앞에 스치는 푸른 나무
높다 참 높다
푸르다 참 푸르다

다시 본 나무
내가 보았던 건
내가 그린 환영일 뿐

여전히 그 자리에 있는
고목나무

젊은 날 내 아버지와 닮아 있다

그냥 잠깐
젊은 날의 내 아버지와 조우하고
돌아오는 길
무심히 서 있는
지금 내 아버지 나무

세엣

憎증

제주 애월

혼자가 아니야

고즈넉한 옥탑 방
홀로 있다는 외로움이
가슴 깊이 저밀 때
무심코 올려다본 하늘에
벌겋게 상기된 정오의 햇살이
마중 나왔다
괜스레 미안한 마음에
식은땀이 구레나룻을 타고
식도로 흘러
목이 타들어간다

일요일 아침
누구나 이불 속에서 늦잠을
청할 시간
난 왜 여기에 서 있을까 하는
존재의 이유에 대해
수없이 질문 공세를 퍼붓는다

간밤엔
그림자에 숨어
온전한 줄 알았는데

아침 내내 예열한
이글거리는 정오의 햇살이
내 나약함을 향해 화내고 있다

육손이와 다시 만남

어릴 적 동네 어귀에 맨날 나타나던 육손이가 있었다.

동네 아이들이 얼마나 놀려댔는지 항상 손을 허리춤 뒤에 숨기고 뒤뚱거리며 달아났다. 아이들은 동네가 다 지들 것인 것처럼 육손이를 쫓아버렸는데, 놀리고 때리고 쫓아버려도 늘 헤헤거리며 나타났다가 아이들 등살에 또 쫓겨 가곤 했다. 사실 육손이의 손을 본 아이들은 없었다. 윗집 사는 봉섭이가 봤다고 했는데 어떻게 생겼느냐고 물으니 그냥 손가락이 하나 더 있다며 얼버무려버렸다. 얼마나 오래 육손이를 봤는지 잘 기억나지 않지만 무리지어 한참을 놀려댔었다.

조금 전 지나던 꽃집에서 만난 팔손이라는 화분을 본 순간 불덩이에 뛰어든 것 같은 뜨거움에 육손이가 떠올라 화분을 똑바로 바라 볼 수가 없었다

다시 불타는 금요일

까만 컵이 뜨거운 온도를 이기지 못하고
사막 위에 지은 멋진 두바이를 보여주어
한참을 바라보다 한 모금
커피를 입에 한가득 들이 부었다
문득 이 시간에 커피 마시면
잠을 못 잔다는 생각에 놀라
머그컵을 보니 바닥이 거의 보일 듯
될 대로 되라는 듯
다시 또 한 모금 마시다
귀에 들려오는 이번 주 인기가요가
마음을 더 어수선하게 만들고
슬그머니 유행가 탓을 하려는
염치없는 눈물이 흘러내린다

눈썹 없는 책상 위 미니 모나리자는
알 듯 말 듯한 미소를 띠고
심한 우울증에 시달린다는 옆집 여자의
흐느낌이 낮게 깔리는 가운데
그래도 살겠다고 꾸역꾸역 밥을 밀어 넣는 앞집 여자의
볼이 곧 터질 것 같아
겁만 덜컹 난다

그래도
눈 감았다 뜨면
다시 금요일이다

아무 일이라도 일어나기를 바라는 금요일

티엔의 헌납

가느다란 실눈 사이로 탐욕이 흘러 넘쳤다
엉덩이가 유난히 큰 티엔을 바라보는
사내의 눈은 늘 번들거렸고
이빨 사이로 고이는 침은 입술을 삐죽거리며
더운 입김으로 삼켜 버렸다
두꺼비 같은 두터운 손으로 뒷머리를 만지작거리며
코를 실룩거릴 때에는
나도 모르게 눈을 질끈 감아버렸다

맑은 눈빛이 멍해지고 힘 있던 엉덩이가 축 쳐졌던 날
그 전날 밤 모든 걸 사내에게 빼앗겨버렸다

달리 어떻게 해줄 수 없던 나는
사내의 그림자에 침을 모아 가래처럼 쏟아 부어 주었다

초점 잃은 눈에 대고 한없이 울며
사내를 대신해 어찌나 미안했던지

함께 앉아 울다 지쳐 현기증 일으키며 일어나
정오의 햇살 아래 말갛게
그렇게 말갛게 씻겨 주길 바랐다

더는 사내의 제물이 되지 않기를

platz

낯섦

밤새 기침소리가 울린 방안
싸늘한 기운이 감돈다
미묘한 분위기에서
흐느끼는 여자 울음소리가
2층 끝 방에서 들려온다
할아버지 때부터 있었다는 낡은 의자에서
홍얼거리는 괴기한 소리는 귓가를 울린다
상상 속에 있던 하얀 유니콘이 눈앞에
나타났다 사라졌다 계속되고
은은하고 낮게 깔리는 첼로 소리를
귀를 찢는 꽹과리 소리가 덮어버린다
휘파람 불며 행복했던 순간을 떠 올리는
가느다란 속눈썹 사이에서
더 큰 불안감이 베어 나온다
낮에 먹다 던져 버린 사과가 하늘에 박혀
하현달이 되어 나오는 밤

홀연 떠오르는 의문
나는 누구이고 여기는 어디인가

炭火焼肉

炭火焼肉
TATTOO

자유를 바라는 춘몽

꿈을 꾸었다

지루한 겨울이 계속되면서
사나흘이 멀다하고 눈이 내리고
폭설이 되는 일이 자주 일어났다
눈 한번 구경하기 힘든 사람들에게는
너무 신기한 일이나
이쪽 사람들에게는 웬만한 눈은
별일 아닌 것처럼 넘겼다
그 안에서 몇몇 사람들이 봄을 이야기했고
꽃밭에 앉은 나비와 벌떼들이
자유로이 날아다니는 그 따스함을 원했다

이럴 수도 저럴 수도 없는 많은 사람들은
어느 쪽에 서 있어야 할지
막막한 현실에 감당할 수 없음을 알아가고
이쪽과 저쪽 서로 넘나들 수 없기에
그냥 경계에서 머물러 있기로 했다

어떤 사람들은 그들을 회색분자라고 부른다

07 GRL
17

막걸리 잔의 사유(思惟)

1
온종일 체류가스 피해가도 아와—
숨어든 동아리방 햇빛 싫은 부엉이들
밤 되어 누리는 세상맛
쉰 젖 같은 막걸리 맛

2
니체는 죽었어 신은 없다고 외치다가—
나라꼴을 더 이상은 두고 볼 수 없다고
한 사발 막걸리에 타서
마셔버린 외침들

3
서로를 알 수 없는 언어의 도박판
술잔에 진심 부어 격려하던 투사들
몸 가득 끓던 어둠이
씻겨나간 빈 집이다.

쌀밥나무

작년 섣달그믐에 나은 막둥이
지난달 막 백일 지나고
무럭무럭 커가는데
등에 업혀 배고프다고
칭얼거리다
둥기둥기 우리 아가…
달래며 서러워 울던
내 눈물 감추다
고개 들어 나무 보니
몽실몽실 쌀밥 지어
우리 막둥이 먹이고 싶은
간절한 맘에
이팝나무 꽃만 원망하며 바라보네

불빛

불을 끈다
눈이 아릴 만큼 바라본
아픔의 불을 끈다
쏟아지는 장대비 속에 사라져 가는 길
는개처럼 피어오르는 연기는
내 육신의 마지막 영혼
발끝까지 태워버리고 남은 재는
끝없는 자유에 대한 갈망
한줌으로 녹아내리는
그림자 속으로 사라져가는
욕망의 긴 터널
어둠을 본다
서서히 내 영혼을 지워가는
그 불빛을 나는 오늘 또 다시 본다

어머니의 메뉴

야근 후 저녁 먹고 온다고 연락드리고선
그냥 퇴근한 어느 날 저녁
티브이 켜 놓고
드라마와 벗 삼아 식사하시는 어머니의 밥상
아랫목 이부자리 아래
자존심 세우고 있는 밥 한 공기 뒤로
찬밥에 물 말아서 훌훌 드시는 어머니
황급히 나를 보자마자
-왜 케 일찍 온 겨? 그 새 일이 끝난 겨?
물 만 밥공기 위로 시선이 떨어지는 걸 아신 어머니
-어. 거시기, 니 없을 땐 일케 먹는 게 편 혀!
어머니 밥상 위에 있는 멸치 대가리를 보니
잘 보이지도 않던 멸치 눈알이 날 조롱하듯 비웃고 있다

네엣

訣결

터키 그랜드바자르

이별 후에

창문에 어스름하게 피어나는 불빛이
아직은 영글지 못해서 어설픈 사랑을
따스하게 안아주고 있다

누군가를 떠나보내고 알싸하게 취해
휘청거리는 힘 빠진 다리를
질질 끌며 오르는 언덕 끝
희뿌연 시선 너머
사라졌다 다시 나타나는 그 모습 위로
뽀얀 가로등이 반기며
살포시 안아주던 날
목 놓아 울며 매달렸던 전봇대 뒤로
내 자존심은 숨어 버리고

뒤꿈치 들고 몰래 숨어서 바라본 그날의 별만
내 뒷모습을 기억하고 있다

CAFE
MAGGIE

젊은 영혼 떠나던 날

젊은 과부가 초점 잃은 눈빛으로 허공을 응시한다
눈물 한 방울 흘리지 않은 얼굴엔
하얗다 못해 노랑꽃이 폈다

입구에서 영정 사진의 남편 얼굴을 본 사람들의 입에선
짧은 한숨이 토하듯 터져 나온다

철모르는 예쁜 두 딸은 잔칫집인 듯 신나게 뛰어 놀며
검은 상복이 파티복인 양
치맛자락 펄럭이며 춤추듯 날아다닌다

그 모습을 지켜보는 할머니는
먼저 보낸 자식을 가슴에 묻고
더 슬픈 눈으로 어린 손녀들을 넋을 놓고 바라만 본다

문상객들은 영정 사진 한번 보고 젊은 과부 한번 보고
그늘진 노모 한번 보고 뛰노는 두 마리 천사들을 보고는
소리 없는 눈물만 흘린다

밖에서는 젊은 혼 위로하는 목탁소리가 나지막이 깔리고
안에서는
울부짖으며 부르는 찬송가가 떨리듯 울려 퍼진다

씻김굿

누가 뭐라 하지 않을 텐데
눈꽃이 오려는데
구름과 바람까지
더불어 데불고 오는 이유는 뭘까

아침나절 비추는 따스함도 잠깐
설 잠든 누렁이도 오돌오돌 떨며
꼬리 내린 채 처마 밑 구석 찾아 웅크리고

정월대보름 하늘 높이 날다
산등성 당산 나무 위에 걸린 가오리연 하나

내린 눈 녹지 않은 뒤꼍 장독대 아래
마주 서서 속삭이던 눈사람 한 쌍
이젠 그 웃음도 겨울비에 씻겨
봄빛 찾아 떠났네

최고의 오늘

하얗게 그대를 그리워 한 수많은 밤 중
오늘이 최고로 힘든 날이다
어제도 어제가 그런 날이었고
별일 없는 한 나에게
내일도 아마 최고로 힘들게 될 것을 안다

힘든 날 밤마다 눈물로 쓴 시들을
언젠가는 그대에게 읽어 줄 수 있을 테니

마음을 비우면 오히려 맑게 보이는데

내 마음은 아직 그대와의 이별을 인정하지 않는다

묘비명

소복하게 쌓인 눈 위로
삐죽 튀어나온 시옷이 보인다
할 말이 많은 건지
아쉬움이 많은 건지
이런저런 사연 갖고 있다지만
함박눈 위에서는
그 누구도 별 이유가 없어 보인다

바람 스치니
한 줌 잿가루 날리듯
흐릿하게 드러난
삐뚤빼뚤 쓴 편지 한 장
어미의 진한 눈물 머금고
작은 유리관 속 영원을 약속

막내아들 보낼 때 뒷모습 보고
얼마나 눈물 훔쳤을까
마흔 넘어 딸 여섯 내리 낳고
그 이듬해 얻은 늦둥이 독자 아들
어미보다 먼저 나라 부름 받고
하늘나라로 떠난 자리에
눈물 자욱 베어 내어
어미의 두툼한 손으로
사랑한다고 눌러쓴 시옷

하이얀 12월이 또 그렇게 지나간다

이별 공식

만나지 말았어야 해

벚꽃 흩날리던 그 길
뒷모습을 보고 반했다며
곁눈질로 바라보던 눈빛
엊그제 보고 하루 건너서 봐도
어색한 웃음으로 오랜만이라고 반가워하던
당신을 잊어야 해
당신이 처음으로 꽃다발을 안기던 날
첫사랑을 고백하는 소년 같은 모습
당신을 지워야 해

어떻게 든 이별해야 하는데

이젠 내 마음에 당신의 부고를 알릴 차례야

끝나지 않은 사랑

끝난 사랑을 아무리 아름답게 포장하려고 해도
서너 달 건너 방영하는 막장드라마가 된다
슬프게 그렇게 슬프게 울면서 떠나보내도
안타깝게 그렇게 안타깝게 떠나와도
단축번호 1번이었던
눈 감고도 눌렀던 전화번호를 잊는데
단 일주일

누구를 지워버리는 일에는
천부적인 재능을 타고 태어난 양

그 새 두 번의 계절이 지났고
두꺼운 겉옷으로 중무장하는 겨울 한가운데
회사동료 차에서 나는 남자향수 냄새가
한 숨에 밀려들어 오는 순간
모든 기억이 단 1초 만에 돌아오는 경이로운 경험을 하다
당신에게 모든 것을 아낌없이 소멸하고 싶은
강한 충동을 느끼며 엉엉 울어버렸다

이루지 못한 사랑을 위한 기도

불치병에 걸렸으면 좋겠다
하루하루 숨 쉬는 것조차 힘든 나날들 되면
더 이상 그를 그리워하지 않아도 될 테니까
지금 그리움마저도 그에게 부담이다

기억상실증에 걸렸으면 좋겠다
그와의 추억들로 살고 싶은 것도 내 욕심이지만
나만의 기억 속 걷다 문득 그를 떠올리면
그가 많이 불편할 수 도 있다

내 청초하고 영롱한 빛의
아름다운 자만심이 없어져 버렸으면 좋겠다
그만 믿고 사는 그 옆에서
마냥 한없이 불쌍해질 수도 있으니까

Interspace(사이의 공간, 짬)

조금 보인다
아니 잘 보니 조금 더 보인다
눈동자 들이대고 숨 참고 다시 보니
보인다
다 보인다
틈 사이로 조그맣게 깔아지는 그림자
그리고 뒤로 흐르는 낭자한 선혈
선혈이 감아버리는 그녀의 숨통
미치광이 빛 하나가
그녀 속눈썹 끝에 매달린 한 방울 눈물을
스펙트럼처럼 여러 빛을 반사시킨다
파르르 떨리는 솜털 하나하나
희미한 숨 하나가 마지막을 알리고
너를 부르는 내 목소리는
불러도 불러도 메아리로 남을 뿐

내 눈물 마르고 내 설움 말라가니
널 보내야만 한다는 나만의 *아니리
슬픔 담은 설움으로 광대처럼 *발림을 하며
혼자만 내지르는 그 외침

기다리지 말아야 했나
떠나보지 말았어야 했나

아예 만나지 말았어야 했나
지구 밖 4번째별에 있겠다던 너를
끊임없이 기다려야 하는 것일까

너의 눈빛을 보고 한 번에 알았음을
너의 숨결을 느끼고 단 번에 알았음을
왜 깨닫지 못하였을까
우리의 만남은 우연이 아닌 숙명이었음을
맑은 날 밤하늘에 4번째 있는 별을 세어보고 또 세어본다

* 아니리 : 판소리 용어로 창이 아닌 말로써, 창 도중 장면 변화나 정경 묘사를 하는 이야기
* 발림 : 판소리 공연 중 광대가 몸짓으로 소리의 상황을 연출하는 것

그리움을 만나던 날

홀로 남아 널 만날 준비를 한다.
프릴 달린 핑크색 원피스 꺼내입고
굽 높은 하이힐 신고 종종걸음으로
사뿐사뿐 걸어 나갈 들뜬 생각에
난 널 그렇게 그리며
널 만날 설렘을 즐기며
베이비핑크색 립스틱으로 마무리한다

그리움을 만나던 그날
굽이굽이 돌아 산자락 끝
그 모퉁이에 선 너를 만난다
내 하이힐은 온통 시뻘건 진흙
흐르던 땀 식어 온기는 잃어가고
이름 모를 들풀에 찢긴 내 프릴 원피스처럼
내 마음 갈기갈기 찢어지고
설익은 내 희망은 오늘도 오프(off)다
자꾸만 꺼져만 가는 너의 눈빛엔 공허함만 가득
네 눈 가득 고인 제목 없는 상념들
흐르다 흐르다 말라붙은 네 볼엔 허연 눈물 자욱
감았던 눈 부스스 뜨는 파리한 네 얼굴 사이로
섬광 하나 스쳐가고
기다림에 지쳐 영혼까지 판 너를
난 끝도 없이 찾아간다.

잠깐 스친 흔적도 남지 않은 인연일지라도
애증이 뒤엉킨 우릴지라도
저 끝 낭떠러지 죽음이 우리를 불러댄다

검은 베일 드리운 그리움에 서러움을 더하여
그렇게 또 그렇게 너만을 찾아간다

다섯

末말

터키 블루 모스크

역두에서

나는 매일 길을 떠난다
그리고 다시 제 자리로 돌아온다
차마 버리지 못하는
아슬한 편린들
추억보다 큰 슬픔을 안고
마음 밖을 헤메는 기적소리

꽁꽁 얼어붙은 발자국
작은 고통을 심호흡으로 위로하듯
겨우 한발 내딛으면
내 악보 속에는 어두운 음표들 빛나고
아픈 기억들은 발 아래 파도로 출렁인다

아스라한 레일 위에 서서
오늘도 나는 다시 채비를 한다
선로 끝에 빛나는 아침을 위해

LIFEBUOY

가시

언젠가는 예리한 힘을
보여주고 싶었다

그간의 상처로 몸 안에서 떠밀려
드디어 피부 표면에 다다라
세상을 향해 드러낸
절규

강한 햇빛 뒤에 숨겨있는 연약함이
더욱 단단하게 다듬어지고

태어났으니 내 흔적 남기리라
눈물 베인 잉크 한 방울 떨어뜨리니
세월에 묻힌 핏덩이 배어나와
어설픈 노트의 귀퉁이에라도
푸른 눈물 자욱 갈 수 있다면

꺼질듯 말듯 가냘픈 내 마음

너는
제대로 피지 못하고 져버리는 그 마음 곁에
고요한 눈 밝히는
내 마음의 무기

명상

눈을 꼭 감고 마음이 하는 소리를 듣는다

어디로 가야 할지 길을 잃었을 때
사실 어디로 갈지 목적지도 없을 때
모두 떠나고 혼자만 남았다는 생각들 때
문득 세상의 고통을 다 가진 것 같을 때
갈림길에서 결정 못하고 힘들어할 때
조금만 방향 틀어져도 아주 멀어져 버릴 것만 같을 때

마음은 두고 몸만 방향을 틀면 되는데

마음의 소리 듣겠다고 몸은 늘 얼음이 되어버린다

인형극

그대 안부를 묻는 사람들 속에
난 여전히 우리가 하나인 것처럼 산다

내 손이
내 발이

그대의 안부를 묻는 사람들의 입에 연결되어
반응하며 몸짓한다

웃으라고 손의 줄을 잡아당기면
손뼉을 치며 웃어젖힌다
울어 버리라고 발을 잡아당기면
발을 동동 구르며 통곡한다

지난주인가 지난달에는 기념일이 있어
앙코르 공연까지 했던
그 피로감이 물론 다음날까지 이어졌다

오늘도 공연은 이어진다
그치지 않은 연속극처럼
우리 모두가 주인공
그 쇼윈도의 커플

가식

움켜진 모래가 하나씩 둘씩 손안에서 빠져나간다

그날도 그랬다
그녀가 오기를 얼마만큼 기다렸는지
잡았던 모래를
또 잡고 다시 빠져나가고
얼마나 오래 그렇게 그랬을까

오랜 시간 그 자리에 있다가
홀로 남겨졌다는 사실을 깨닫기까지
꽤 오랜 시간이 흘렀다
그 사이 벚꽃이 지고
또 그 사이 아카시아 나무의 향기도 날아갔고
배꽃이 흩날렸고

어느새 앞마당의 플라타너스 나무엔
눈꽃이 피었으니 말이다

멍하니 홀로 눈꽃을 응시하다
끝도 없는 기다림을 지금까지 하고 있는 나 자신이
너무 미련하다
그냥 기억을 추억이라고 포장하는 내 모습이
조금은 치사하다

그래도 추억이라고 말하고 싶은 욕망이
저 아래 마음속에서 뜨겁게 솟구치고 있다

칠면초*

검붉은 눈길 하나
한 곳에
마음까지 주고 떠났나

당신을 사랑하지 않았다면
이곳에 서 있지 않았을 테고

어둠이 만든 이 길 위를
칠면초가
붉은 빛 켰다 껐다

비로소 당신에게 가는 길이 보인다

* 칠면초 : 칠면조처럼 색이 변한다고 해서 이름 지어졌다. 줄기는 높이 곧게 자라며 곧잘 붉은색을 띠어 갯벌을 붉게 물들인다.

고독의 원근감

40년 만에 겨울 폭우가 내린다는 그날
여름 장마처럼 초겨울 비는
그렇게 그 해 겨울의 시작을 알린다

흘러가는 시간 속의 고독은
빠르게 돌아가는 초침과 눈에 띄는 분침 사이로
중재하듯 돌아가는 시침이 증명해주고 있다

천원에 4개를 준다는 국화빵과
천원에 3개를 준다는 붕어빵 사이에서
팥 국화빵을 먹는 소년과
슈크림 붕어빵을 먹는 소녀 사이에서
숨어있는 고독은
미래를 알지 못하는 불안감으로 재탄생되고

무심한 일상 사이에서 커피 물을 끓이는
10년차 전업주부의 먼 산 바라보는
초점 없는 눈동자에 가까스로 매달린 눈물 한 방울

목에 달린 넥타이에 늘 목매다는 악몽을 꾸는
밥 먹듯 야근만 해대는 슬픈 눈 김대리의 어깨

더는 이렇게 살고 싶진 않다고

매일 밤 소주에게 악다구니 쓰는
김사장의 쉬어가는 목소리

보고 싶지 않은 만나고 싶지 않은
이야기 하고 싶지 않은
그 모든 하고 싶지 않은 것들 속에
해야만 한다는 의무감이 삶을 짓누르는 고통

멀지만 가깝고
가까운 듯 먼
벗어나고 싶지만 멀어서 잡히지 않는

당신이 보고 있는 고독의 거리는 어디쯤에 있는가

GOLDENER
H
SHOP

거기 그 여자

그 여자 홀로 남았다
꽤 오랜 시간 동안 거기에 머문 듯
동에서 서로 부는 바람은
그녀의 가리마와 반대여서
어느새 그녀의 얼굴을 덮어 버렸다

누군가를 기다리는 걸까
낮 동안에는 조금 더워 보이는 저 외투
아마 저 옷을 처음 살 때는
정말 단아한 모습으로 변신시켜 주었던
바로 마술 같은 외투라지

어제 밤부터 있었을까
그제 아침부터 있었을까
아니면 그보다 더 오래 되었을지도 모르지
간혹 일어나서 힘들게 몇 발짝 걷다
다시 주저앉아
한참을 멍하니 어딘가 바라보다
갑자기 달리기 시작한다

살아있음이 전쟁이라는 듯

내 나이

스무 살엔 그랬어
빨리 서른이 되면 좋겠다고
자꾸 실수만 하는 내가 싫었던 거지

어느새 서른이 된 거야

다시 서른 살엔 그랬어
빨리 마흔이 되고 싶다고
진짜 어른이 되는 줄 알았거든

내 나이 마흔 하나
남은 시간 점점 느려지는 듯
내 안에 내가 만든 이데올로기가
서로 뒤엉켜
어른과 아이가 맨날 싸우기만 해

치열함도 없어진 느린 마흔 하나

다시 시작할까

저 멀리 금계국*이 응원가를 부르네

* 금계국 : 주걱모양으로 잎 끝이 뾰족하며 노란색을 띤다. 꽃대가 가늘고 길어 무리지어 피는데, 내 느낌은 한 국가의 국민처럼 다수로 느껴져 큰 위로가 된다.

내일

이른 새벽 혼자 걷는 뒷골목
지나가던 길고양이가 매섭게 쏘아본다
내 눈이 먼저 너를 피한다
새벽을 깨우는 소리 야옹…야옹…
작은 소리지만 내 심장에 꽂힌다.
건너편 친구를 부르는 듯
버려진 쓰레기더미에 얼굴 처박고
맛난 아침식사를 누가 방해하랴
건너편 고양이들이 몰려온다
세월을 할퀴고 간 억울한 붉은 눈빛
모두가 날 쏘아본다
그 눈빛들 너무 강해
몸이 타들어간다
서있을 힘도 잃은 채
그냥 무너진다
그녀들의 그림자 사이로
내일이 성큼 스며들어온다

여섯

溫 온

터키안탈리아

1988년 3월 마지막 토요일 오후 1시

-자… 하나씩 뽑아보자…
-꽝은 없고 호돌이 뽑으면 천 원 준다
봄 햇살 따사롭게 내리쬐는 토요일 오후
아이들은 일제히 낮은 교문을 빠져나온다
-호돌이를 뽑으면 천 원이라고?
-오십 원 내서 천원 받으면 얼마나 좋을까?
아이들 우르르 몰려든다

담벼락에 매달려 구경하는 한 무리의 녀석들
이내 감탄사가 퍼져 나온다
-우와… 재 봐봐… 뽑았어!
-어디어디?
호돌이는 아니지만 다이아몬드처럼 생긴 걸 받아
성공의 몫으로 삼백 원을 받는다

그 뒤에 조금 더 키 큰 소녀가
더 신이 난 듯 목소리를 높인다
-야… 재가 내 동생이야!

신기한 듯 뽑은 다이아몬드를 보석처럼
손바닥 위에 올리고는
총총걸음으로 사라지는 두 소녀

그 뒤에 이제 막 초경 끝낸 아지랑이가 피어오른다

현관문 주인

보일랑 말랑하게 신사화 뒤 축 구두 굽 아래
마른 흙 조금 묻어 있다
어젯밤 내린 비가 오늘 내내 땅을 축축하게 만들어
아빠 구두에 흔적을 남기고
결국 어제의 날씨를 기억하게 한다

바쁜 듯 짝이 뒤집혀 있고
또 한 짝은 채 따라오지도 못해 입구에 걸려있다
꼭 많지도 않은 새끼 다 데리고 나오지 못한
어미새가 허전하여 자꾸 기웃기웃하듯
먼저 간 신발 한쪽이 뒤를 쳐다보는 듯하다

딱 어미새 닮은 농구화의 아들 신발은
어기적어기적 뒤죽박죽 엉켜있다
야간자율 학습 끝나고 집으로 바로 오지 않고
운동장 구석에서 친구들과 농구 한판 했을 게 뻔하다
에너지 넘치는 주인 신발 이래도 저래도 좋단다

교과서에 밑줄 치는 펜의 색깔도 맞춰야 하는
노트 필기할 때도 틀린 글씨 하나도 없어야 하는
줄 맞추기 좋아하는 깍쟁이 두 딸들
작은 오차도 싫어하듯 그녀의 신발들은
언제나 정갈하게 반듯이 놓여있다

밤 12시가 되면
신발들 모여 험담하는 소리가
하현달 아래 조명 받아 더욱 반짝거린다

호출

한밤중 메시지 수신음으로 잠을 깼다
한 개의 메시지였지만
뭔가 다급하게 누군가를 부르는 듯한
연속해서 여러 번 울린 듯했다

--사는 게 너무 힘들어. 주변을 아무리 둘러봐도 내 편은 없는 거 같아…
등록되지 않은 모르는 번호다
내가 이 번호를 쓴 지 7년 아니 8년
아무튼 오래되었는데
그전에 이 번호를 쓰던 사람한테 보냈을까
아니면 단순히 잘 못 보낸 걸까

휴대폰 화면을 끄고 다시 잠을 청하였다

꿈인 거 같은데 너무 선명하다

그 속에서, 네모로 갇힌 어느 관념의 틀에서
공포에 떨며 울고 있는
내 모습을 분명 보았다
깜짝 놀라 눈을 뜨는 사이 환영처럼
어느 젊은 여자의 모습이 눈앞을 스쳤다

문득 좀 전에 받은 메시지가
혹시 그 여자가 아닐까라는 생각이 드는 순간
휴대폰을 찾아 다시 메시지함을 열고
모르는 이에게 답문을 보낸다

--저도 그랬었어요. 한참 힘들 때 주변을 둘러봐도 아무도 없는 것 같은 그 막막함이 너무 힘들었어요. 힘내요. 당신 맘을 나는 알 거 같아요

젊은 날의 초상

앞 차 제치는 재미가 쏠쏠했다
달리는 순간순간 무서운 생각 가득
스릴의 자유 그들만의 온전한 그것이

익숙해지는 주변 느린 화면들 속
느리게만 보일 때 나의 자만심 가득
여유를 즐겨 호기를 부리고 즐거운 척

무모함은 젊은 날의 아름다운 도전
내가 포장한 태곳적 도전 속에

아름다운 도전이라며 나를 포장했다
포장 끈이 풀릴 때면 누가 볼 세라
더욱 질긴 끈으로 다시 동여맸다

하늘에서 내린 초끈이 풀어지자
살이 찢어져 선홍빛무늬가 들어나고
상처투성이엔 딱지가 더덕더덕
그만 하자 이젠 괜찮다 천천히 가자
그래도 힘든 어깨를 토닥여주는 손길이 있어 고맙다

* 초끈이론 : 우주를 구성하는 최소 단위를 연속해서 진동하는 끈으로 보고 우주와 자연의 원리를 밝히려는 이론

그냥 웃어야 할 때

웃어버렸다
웃지 말아야 하는데
웃음이 났다

너무 슬퍼서
그냥 웃어버렸다

살다보면
그냥 웃어버리면
상처도 무심히 무뎌지다
어느 새 나아버릴 수도 있다

내가 어이없게 웃어버린 것처럼
살다보면
한번 웃고 보내줘야 할 때가 있다

그럴 때 도 있다
어색하게 한번 웃고는 떠나와야 할 때가 있다

그럴 땐
뒷모습이 너무 슬프지 않게
소라를 귀에 대고 파도소리 들으며 유유히 걷자

청첩장

이름도 가물가물 기억나지 않는 사회 친구
그녀가 보낸 메시지로
기능 다한 줄 알았던 문자 보관함을 클릭하고
음악과 함께 드레스를 입은 행복한 표정의 여인
그녀 곁의 낯선 남자
사진은 쏟아져 나오고
얼마나 오래 되었는지 얼굴도 잘 알아보지 못하겠는데
몇 날 몇 시에 어디로 오라는 불꽃놀이 속에 나오는 숫자들
국수 한 그릇 먹으러 가야겠다
담백한 육수 국물에 뜨끈한 국수 한 그릇 말아 먹고 오면
삶에서 치인 내 마음이 치유되겠지
그동안 연락 없던 친구에게 받은 마음의 상처도 무뎌지겠지
또 거기서 나와 같은 마음의 친구들을 만난다면
같이 손 붙잡고 울 수 있겠지

축하할 일만 있는 잔칫집이라지만
분명 나처럼 울고 싶은 사람들 있겠지

얼른 다음 주가 돌아와서 국수나 먹으러 가고 싶다

그들에게 행복은

발톱에 낀 흙과 때가 엉겨 신발도 못 신은 어린 소녀
소녀와 함께 옆에 더 어린 소녀 입으로
식어버리고 딱딱한 바게트 한 조각이 들어가는 순간

혼자 먹은 중국집 쿠폰 10장 모아
서비스로 군만두 받고 자장면 공짜로 먹으려고
탁탁 두 번 나무젓가락을 내려치는 순간

마지막 소개팅이라고 마지막 기회라고
곱게 화장하고 머리하고
간만에 입은 치맛자락 끝에서 벚꽃향기가 나는 순간

낼 모레 30개월 만기 제대라고 신이 난
운전병 김 병장 그동안 운전한 별 2개 차 향해
오줌을 갈겨대며 콧노래 부르는 순간

행복의 순간이 모여 한권의 행복 책이 된다

가을바람

횡단보도 뛰어가는 여고생의 단발머리에
첨벙첨벙 묻어나는 가을바람
도심 한복판 낙엽 쓰는 환경미화원의
빗자루 끝에서 사각사각 살아나는 가을바람
미끄럽게 잘빠진 자동차 옆을 슈웅슈웅 가을바람
고단한 모습으로 걷는 할머니의
마후라 사이로 스윽스윽 가을바람
엄마 손 단단히 쥔 다섯 살 꼬마의
손사래 사이로 쏴아악 쏴아악 가을바람
2층 내방 창문에서
스르륵스르륵 날 부르는 가을바람

오래된 기억

아무 생각 없이 길을 걷다 낯선 고인돌의 무덤 속에나 있을 법한 그 무언가가 문득 내 눈 앞에 서 있다. 그냥 무심코 지나가다 만나긴 했지만 지나쳐 버릴 수 가 없다. 공중전화부스에서 내 오래된 공룡의 발자국이 나의 기억을 깨운다. 옷매무새 흐트러진다고 넣지 않고 다니는 동전을 혹시나 바지주머니에서 찾아본다. 가뭇 어둠속으로 사라질 노을, 공중전화안 사각 부스에 서서 수첩 뒷장을 넘겨가며 낯익은 이름들을 찾아본다. 내 마음을 전해도 좋을 사람 그리움의 등불 하나 켜 놓은 이름 하나 떠오르지 않는다. 오늘도 주인 없는 공중전화부스가 그 날 그때처럼 큥큥 냄새 맡으며 나를 기다리고 서 있다

시인 사람이 되었다

지난 백일 동안
사람이 되기 위해 먹은
마늘과 생강으로
몸은 물론 집까지
매운 냄새가 진동을 한다
매일 낳은 시들이
하나둘씩 빼곡히 백 칸을
채워가며
마음의 상처도 깊어졌다

이젠
나는 사람이다
시인 사람이다

다시 시작이다

또 다른 나의 하루, 백 하루를 위하여

桥小吃

일곱

連 연

터키 중부 코니아

Whisper

유실물

내가 쉬려고 잠시 벗어둔 마음이 있다
너무 슬피 울어서 눈물 베인 마음을
햇볕에 말리려고 걸어둔 마음이 있다
누군가에게 가는 것이 그리 멀고 험난하다 하여
마음의 무게라도 줄이면
좀 가벼울까 싶어 잠시 맡겨둔 마음이 있다

어느 날 잊고 살다 문득 찾아가 보니
나보다 먼저 그대에게 가있었다

그리고, 남는 것에 대하여

이 봄이 지나가면
라일락 나무만 기억하리라
그 나무 아래서 맡던 향기
그 향기만 오롯이 담아 두리라

외롭고 쓸쓸한 봄을 지낸 이들이
너무 많이 아파하지 않도록
이제 같은 여름을 맞을 수 있도록
그리운 누군가를 위해

영원히 사랑하겠다
다시는 그 누구도 사랑하지 않겠다를
반복하며
수없이 흘린 눈물
무엇이 그리 우리의 다짐을 쉽게 했을까

눈 한번 감았다 뜨면
하루가 가고
한 달이 가고
한 계절이 가는 것을

다 부질없는 것이 되어 버린다는 것을
우린 아직도 모른다

상처

봄이 가고 있다
아픈 봄이 흰 목련의 가지 사이로 물러가고 있다

여름이 오면
너를 놓아 주련다
너의 모습
너의 향기
아름다운 기억도 저 바람결에 흩어져 가겠지
가로등 홀로 빛나는 골목길 돌아설 때면
때론 꽃잎 같은 눈물 한 방울 떨굴지언정

이제 나는 여름을 기다린다
애써 감춘 상처를
밤 물결에 씻으면서
새벽 별빛 떠오르는
지평을 바라보며
오직 기다린다

파초댁

젤로 좋은 추석날 태어나
지 먹을 복을 갖고 태어났다고 했는데
다섯 살인데도 잠투정하는 막둥이 아들
애비 사랑 제대로 못 받아 그렇지 싶어
간신히 달래 재우고

희미하게 방문 흔드는 소리
힘없는 사내 목소리가 흘러 들어온다
바깥양반 목소리가 틀림없어
저고리 걸쳐 입고
문 열어 젖히는데
까만 어둠만이 내려앉고
내가 미쳤지 에둘러 혼잣말하며
문을 닫는데
눈앞을 가리며 떨어지는 수많은 이야기의 눈물
괜스레 막둥이 이불 덮어주며 타박한다
-아이고 야가 고뿔 들으면 어쩌라고 자꾸 걷어 찬다냐!

거센 바람 불어 문고리 위 걸어놓은 쇠숟가락 흔들리는 소리
정절 지키는 젊은 과부의 경고음이다

Das Schindler
COS

정인(情人)

얼어붙은 은하수
나루터에 머문 쪽배

이 겨울 빈 땅에도
봄꿈은 뜨거운데

우리의 굳은 약조만
켜고 앉아 지새는 별

눈 덮인 강둑으로
몰려오는 바람소리

고갯마루 떠오른
하현달의 꽁꽁 언 손

하늘 길 주마등같은
별자리를 세며 간다

넋두리

사래 긴 밭고랑 끝도 없이 아득한데
가없는 삶 이제 갓 서른 초입
눈대중으로도 가늠할 수 없는
매서운 시어마시 시집살이
흐린 이목구비 아래 십년이나 흘린 눈물 따라
오뉴월 소쩍새 줄기차게 울다가
깊어가는 가을 눈물 따라 훌쩍 떠난 맞베개 남편
다시 볼 날 까마득하여 돌아 앉아 울고 있다

갈대

여린 몸 흔들린다
여기서 부르면 솔깃
저기서 부르면 또 솔깃

그렇지만 값싸게 다 내어주지는 않는다
흔들려도 또 흔들려도
그래도 하늘을 한 번도 배신 한 적은 없다

가을 여행

그대와 발 맞춰 길을 걷다 선운사 다리 위에서

새끼손톱 끝 만하게 뜬 작은 달 보며 눈웃음 짓는

그대 얼굴을 말없이 바라보며 안도의 숨을 쉬는 것이다

그리움의 다른 이름

전화벨이 한 번 울리면
내가 만나자는 거고

전화벨이 두 번 울리면
내가 출발한다는 거야

전화벨이 세 번 울리면
집 앞 공중전화 부스 앞이라는 거지

아직 다 말리지 못한 머리에
샴푸 냄새 가득 담고 뛰어오는 그대

우리가 울린 전화벨이 육백 번쯤 될 거야

어느 날부터 더 이상 울리지 않는 전화벨

한밤중 전화벨이 연거푸 네 번 울리면
아직도 내가 그대를 잊지 못했다는
우리 둘만의 암호야

기억해줘
어느 새벽 누군지 모르는 전화벨이 울리면
아직도 그대를 잊지 못하고 헤매는
내 마음의
설움이라는 것을

겨울로 가는 문

남겨 둔 것이 있던가

두고 온 것이 있던가

미련 남아
자꾸 뒤돌아보는데

*천인국이 고개 들고
어서가라고 손짓 한다

빨갛게
이렇게 화려하게

눈송이 따라 걸으며
할 말은 그냥 눈 속에 담아 두기로 한다

*천인국: 7-10월에 피는 가을꽃으로 장밋빛 갈홍색의 강한 색조이며 꽃모양은 코스모스를 약간 닮았다

배서현 시집

아날로그적 감성이 필요할 때

발 행 일 | 2017년 10월 31일
지 은 이 | 배서현
발 행 인 | 李憲錫
발 행 처 | 오늘의문학사
출판등록 | 제55호(1993년 6월 23일)
주　　소 | 대전광역시 동구 대전로 867번길 52(한밭오피스텔 401호)
전화번호 | (042)624-2980
팩시밀리 | (042)628-2983
전자우편 | hs2980@hanmail.net
카　　페 | cafe.daum.net/gljang(문학사랑 글짱들)
cafe.daum.net/art-i-ma(아트매거진 아띠마)
공 급 처 | 한국출판협동조합
주문전화 | (070)7119-1752
팩시밀리 | (031)944-8234~6

ISBN 978-89-5669-860-1
값 10,000원

* 이 책은 교보문고에서 E-Book(전자책)으로 제작 · 판매합니다.
* 잘못 제작된 책은 바꾸어 드립니다.

* 이 도서의 국립중앙도서관 출판예정도서목록(CIP)은 서지정보유통지원시스템 홈페이지(http://seoji.nl.go.kr)와 국가자료공동목록시스템(http://www.nl.go.kr/kolisnet)에서 이용하실 수 있습니다. (CIP제어번호 : CIP2017027468)